AF463519

ÉVÉNEMENTS DE NANTES

PENDANT LES JOURNÉES DES 28, 29, 30 ET 31 JUILLET 1830,

PAR PLUSIEURS TÉMOINS OCULAIRES.

AU PROFIT DES VICTIMES.

NANTES,

CHEZ
BUROLLEAU, Basse-Grande-Rue;
BUSSEUIL ET C.ie, Passage du Commerce;
FOREST, à l'entrée de la Fosse;
LAURANT, Place du Commerce;
LEBOURG, rue Bertrand-Molleville;
MELLINET-MALASSIS, Place Bourbon;
SUIREAU ET PLIHON, Place Royale.

NANTES. — IMPRIMERIE DE BUSSEUIL ET Cie,

PRÈS DE LA BOURSE, PASSAGE DU COMMERCE.

ÉVÉNEMENTS

DE NANTES

PENDANT LES JOURNÉES DES 28, 29, 30 ET 31 JUILLET 1830.

28 JUILLET.

Le 28 au matin, lorsque le *Moniteur* et la *Gazette de France* eurent fait connaître à Nantes les fatales ordonnances, une stupeur générale se répandit par toute la ville, la consternation et l'abattement purent se lire sur tous les visages. Les cabinets de lecture, les cercles littéraires se remplirent de curieux, personne ne pouvait ajouter foi à de simples rapports, chacun voulait voir par ses yeux, chacun voulait lire les actes infâmes par lesquels notre pacte social était rompu.

Convaincus enfin de la triste réalité, les Nantais suspendent toute transaction ; les comptoirs sont désertés, on ne peut rester en place ; le besoin du moment, l'impérieux besoin de s'entendre met tout le monde en mouvement ; on va chez ses amis, on les arrête dans les rues, sur les places ; des groupes se forment et chacun se demande : « Que ferons-nous ? » Ainsi se passa, dans les angoisses de l'attente et de l'incertitude, cette journée triste de stupeur et d'accablement.

29 JUILLET.

Le 29, dès le point du jour, les avenues de la rue Bertrand-Molleville, où sont les bureaux de la poste, sont encombrées ; l'arrivée du courrier est attendue avec une impatience qu'il est plus aisé de comprendre que de décrire ; chacun se dit : « Le courrier d'aujourd'hui va nous apporter l'ordonnance qui abroge celles du 25 ; les braves Parisiens auront sans doute manifesté leur profonde indignation contre le parjure, et un ministère insensé n'aura pas osé courir toutes les chances d'une violation aussi manifeste de droits acquis au prix de tant de sang ; ils auront reculé devant les conséquences de leur œuvre diabolique. » Enfin il arrive, ce courrier tant désiré, mais il n'apporte que la triste confirmation des ordonnances. Les journaux indépendants manquent, les lettres particulières disent peu de choses ; les feuilles interprètes du ministère et du parti absolutiste, ne disent que ce qui plait aux agents du pouvoir, et embouchent déjà la trompette du triomphe.

Cruellement désappointés du côté des nouvelles, les curieux se dispersent insensiblement, et les groupes peu nombreux qui se forment dans les rues, annoncent plus de fermentation que la veille; les ouvriers commencent à déserter leurs ateliers, et si un reste de stupeur se lit encore sur les figures, on peut y démêler aussi une indignation plus mâle que la veille, et l'observateur attentif dit hardiment : « Voici un peuple outragé qui bientôt va s'armer pour venger son injure. »

A l'heure du spectacle, la place de la comédie se couvrit de monde, la salle s'emplit peu à peu, et quelques cris de *vive la Charte !* s'y firent entendre; les mêmes cris retentirent aussi, mais de loin en loin, à l'extérieur, et l'autorité n'ayant encore donné aucun ordre pour le déploiement de la force armée, le tumulte paraissait devoir s'appaiser de lui-même, sans qu'il s'en suivit ni rixe, ni voie de fait. Tout se fut ainsi passé pour le mieux, mais nos hauts fonctionnaires firent bientôt marcher sur la place Graslin un détachement de soldats du 10e léger, un escadron de gendarmes et une meute de limiers de police, qui s'emparèrent de la place, en firent évacuer le centre et se rangèrent en cercle tout à l'entour.

Cependant, la population ne s'intimida pas de cette manœuvre, qui n'eut lieu que sur les neuf heures; des rassemblements se formèrent sur les degrés de la Comédie et dans toutes les rues adjacentes, derrière les soldats de la ligne, qui, du reste, ne paraissaient animés d'aucune intention hostile. Irrités de cette opposition armée, les jeunes gens proférèrent, avec plus d'intensité et de force, les cris de *vive la Charte! vive la liberté! à bas Polignac! à bas les ministres!!..*

Le spectacle fini, les attroupements se grossirent de toute la foule qui sortait de la salle, et les cris recommencèrent avec plus de force qu'auparavant. Fatiguée de les entendre, l'autorité, *sans sommations préalables*, donna l'ordre aux tambours de battre la charge. En conséquence, les gendarmes s'ébranlèrent, et, aidés des agents de police, ils firent main-basse sur le public qui évacuait le spectacle, s'emparèrent de 18 personnes, la plupart simples curieux, et les conduisirent immédiatement à la prison du Bouffay. C'est alors que le tumulte devint à son comble; la population exaspérée, sans attaquer les soldats de la ligne qui se retirèrent, laissa tomber tout le poids de son indignation et de sa vengeance sur les gendarmes, qui galopaient au milieu de la foule, chargeaient jusque sur les degrés de la Comédie, et sabraient sans pitié. Les cailloux, les pavés commencèrent à pleuvoir. Plusieurs gendarmes furent plus ou moins grièvement blessés dans cette bagarre; l'un d'eux tomba atteint d'un coup mortel; les autres, dégoûtés par une résistance qui n'était plus un jeu, abandonnèrent le champ de bataille, et la foule se dispersa : il était plus de minuit.

30 JUILLET.

Ce jour-là, comme la veille, la rue Bertrand-Molleville est assiégée d'une foule avide de nouvelles, qui attend le courrier avec toute l'inquiétude, toute l'impatience causées par les événements. Huit heures, neuf heures sont sonnées, point de courrier. La diligence vient d'arriver; M. Gonnet, blessé à Paris, en est descendu; par lui, la nouvelle qu'on se bat avec acharnement dans les rues de la capitale est promptement répandue, elle se propage avec rapidité. Le cri : *aux armes!* se fait entendre; la convocation des gardes nationaux, chargés par Louis XVIII de la défense de la Charte, est demandée à l'unanimité; chacun brûle d'y prendre rang. Les ouvriers qui ont pris part au tumulte de la veille, demandent partout des armes. « Donnez-nous des fusils, di-» sent ces braves gens, et nous saurons » maintenir nos droits, défendre notre li-» berté, la liberté de tous! »

Cependant quelques négociants d'un âge plus mûr se sont réunis chez l'un d'eux, M. Bournichon ; là on propose d'envoyer auprès du Maire une députation de notables pour lui demander le rétablissement de la Garde Nationale, dans le but unique de protéger les personnes et les propriétés, non dans celui d'organiser la résistance aux ordres du gouvernement. Ces dernières paroles excitèrent quelques murmures parmi un petit nombre de jeunes gens qui, désertant le rassemblement formé vis-à-vis la Douane, s'étaient glissés chez M. Bournichon. « Nous n'avons » pas besoin de jeunes gens ici, dirent » alors les auteurs de la proposition, » car notre intention n'est pas de nous » révolter (1). »

Pendant ce temps des têtes plus exaltées s'agitent à la Bourse : les uns veulent que l'on attende des nouvelles de Paris avant d'agir ; d'autres font sentir

(1) Ce langage pacifique n'était que de forme, mais essentiel pour ménager les semi-libéraux, ne pas effaroucher les timides et obtenir plus facilement de l'autorité ce qu'on voulait.

qu'il est urgent de courir aux armes, que si l'on n'en impose à Despinois par un coup hardi, il sera libre de faire marcher des troupes sur la capitale, ou au moins de conserver aux Bourbons, en cas de défaite, la ville de Nantes, comme premier poste du Morbihan et de la Vendée, organiser la chouannerie, et faire de notre pays le théâtre d'une guerre désastreuse; que dans tous les cas il est indispensable d'aider les Parisiens dans leur lutte généreuse, par une puissante diversion. Quelques voix s'élèvent encore pour prêcher l'inaction, mais on leur répond de toutes parts: « L'ennemi est à » nos portes et nous délibérons! Armons-» nous, formons la Garde Nationale et » nous verrons ensuite. » A ces mots la foule s'ébranle et se dirige vers la rue Penthièvre, où demeure le Maire, M. Levesque; arrivée sur la place Graslin, elle se trouve grossie par un grand nombre d'ouvriers et de chefs d'ateliers qui s'y étaient réunis, et est arrêtée dans sa marche par la nouvelle que les négociants assemblés chez M. Bournichon, viennent d'envoyer une députation au Maire pour lui demander l'organisation de la Garde Nationale.

Après une assez longue attente, cette députation descend enfin la rue Penthièvre; on se porte en masse au devant d'elle, mais on n'en reçoit aucune réponse satisfaisante: Le Maire a biaisé, n'a voulu s'engager à rien pour le rétablissement de la Garde Nationale, et promet seulement de s'entendre pour le maintien de l'ordre, avec le Général et le Préfet. Les ouvriers indignés de cette réponse équivoque, s'écrient de toutes parts: « Vo-
» lons chez le Maire; il faut qu'il nous
» rende les prisonniers et nous fasse déli-
» vrer les armes qui sont au château! » A ces mots on marche, où plutôt, on est porté devant la demeure de M. Levesque.

Pour calmer cette effervescence, plusieurs personnes veulent élever la voix, mais en vain. M. Guépin, docteur-médecin, grimpé sur un monceau de moilons, parvient cependant à faire entendre ces paroles:

« Notre cause est juste, mes amis,

» mais nous devons attendre : rapportons-
» nous-en à l'honneur de M. le Maire ;
» si par hasard il nous trompe, nous sa-
» vons ce que nous aurons à faire. » Un bruit confus, les cris : « *Il faut qu'on l'as-*
» *somme ! tuons-le !* » retentissent de toute part et interrompent l'orateur. Un agent de police, reconnu par le frère d'une des personnes arrêtées la veille par ce même garde, a causé tout ce tumulte. On lui a bientôt enlevé son sabre, et sans doute on allait se porter à quelque voie de fait sur sa personne, lorsque MM. Touzeau, Rocher, Guépin et Menars l'entourent, le protégent contre la fureur populaire et le conduisent en sûreté jusqu'à la porte du Maire. Ceux qui environnent la maison chargent M. Guépin de réclamer la délivrance des prisonniers et l'organisation de la Garde Nationale. Il monte donc et dit au Maire : « Monsieur, voici un de vos
» hommes qui s'est mal conduit hier au
» soir, et à qui les amis des prisonniers
» voulaient faire un mauvais parti ; nous
» l'avons sauvé de leurs mains et nous
» vous l'amenons sain et sauf : nous avons

» même fait respecter le secret des dé-
» pêches dont il est porteur ; car, si nous
» réclamons la liberté, nous sommes loin
» de vouloir la licence. Au reste, ceci
» n'est pas le seul but de ma mission au-
» près de vous, je viens encore deman-
» der la liberté des prisonniers et l'ordre
» de convoquer immédiatement la Garde
» Nationale. »

— « Je vous remercie pour ce garde
» de ville, répond le Maire, mais je ne
» puis vous donner une réponse autre que
» celle que j'ai faite à la députation. Je
» ne puis rien pour les prisonniers ; et,
» quant au reste, je m'entendrai avec le
» Général et le Préfet. »

— « Je crains que cette réponse ne soit
» bien insuffisante, reprit M. Guépin. »

— « Je n'en puis faire d'autre, » fut la
replique du Maire.

A peine le résultat de cette conférence est-il connu, qu'on crie de toute part : « Remontez ! remontez ! ce sont des sub-
» terfuges ; il veut gagner du temps ; il
» nous trompe ! ». M. Guépin remonte donc accompagné de MM. Menars, Plihon

et de plusieurs autres; ces Messieurs entrent dans l'appartement du Maire, qu'ils trouvent environné d'une partie de sa famille; M. Laënnec, bâtonnier des avocats, M. Lafourcade, commissaire de police, et quelques autres personnes lui tenaient compagnie. « Monsieur, dit M. Menars au » Maire, la réponse que vous avez faite » à M. Guépin est insuffisante; la ville » est sans-dessus-dessous; le rétablisse- » ment de l'ordre est impérieux; il nous » faut une réponse cathégorique. Voulez- » vous, oui ou non, faire délivrer les pri- » sonniers? Voulez-vous, oui ou non, or- » ganiser la Garde Nationale? » — « Mes- » sieurs, dit M. Laënnec, les prisonniers » sont à la disposition du Procureur du » Roi, et M. le Maire n'a aucun droit sur » eux. » — « Il peut au moins, dit M. » Plihon, intercéder en leur faveur, et » c'est quelque chose. Il peut aussi or- » donner le rétablissement de la Garde » Nationale, et rendre par-là un immense » service à ses concitoyens. » — « Je ne » puis, reprit le Maire, rien ordonner » relativement à la Garde Nationale, sans

» l'avis du Général et du Préfet. Il fau-
» drait que je me rendisse pour tout cela
» à la Mairie, et vous me tenez ici blo-
» qué. » — « Vous n'êtes point bloqué,
» lui répond-on, et si vous voulez pro-
» mettre d'intercéder pour les prison-
» niers et de réorganiser la Garde Natio-
» nale, vous pourrez vous transporter où
» bon vous semblera, sans être inquiété. »
— « J'engage ma parole d'y faire tout
» mon possible, dit le Maire. »

En conséquence de cette promesse, il sort, donnant le bras à M. Goupilleau, qui le protége, et se dirige vers la Mairie. La foule s'ouvre pour lui livrer passage, et un simple ouvrier, prévoyant la conduite douteuse, pour ne pas dire plus, que devait tenir ce fonctionnaire, s'écria : « Quelle
» sottise de croire à sa parole; il vaudrait
» mieux le retenir, il répondrait au moins
» des prisonniers, vous verrez qu'il tour-
» nera casaque! »

Il continue cependant son chemin vers la Mairie, sans être inquiété, et là se réunit le conseil de ville. M. Marion de Procé est celui, dit-on, qui comprit le mieux l'état des choses, car, se fondant sur le renversement patent de toute légalité et sur le besoin du moment, le rétablissement de l'ordre public, il invitait à réorganiser, sans retard, la Garde Nationale. M. le Maire fut sourd à cette sage proposition, et en dépit de sa promesse formelle d'y prêter appui, s'y opposa de toutes ses forces.

Cependant, le bruit commence à circuler que le général Despinois attend de nouvelles troupes; que deux cents cuirassiers, partis de Fontenay, se dirigent sur Nantes; mais la foule ne demeure pas oisive : des barricades sont élevées dans les rues principales de la ville ; des pavés sont enlevés et disposés de manière à faire trébucher les chevaux, en cas qu'on méditât une charge comme la veille. Cinq ou six jeunes gens, accompagnés d'un plus grand nombre d'ouvriers, se rendent sur les ponts, celui de Pirmil est coupé en 35 minutes; des groupes tumultueux circulent dans toutes les rues; plusieurs patriotes zélés commencent à se montrer en armes; la place Royale et celle Graslin sont indiquées comme points de réunion, et vers une heure de l'après-midi, les personnes assemblées sur la première de ces places ayant été rejoindre les autres, toute la troupe se dirigea par la rue J.-J. Rousseau, vers l'hôtel de la Bourse, qui commença dès-lors à devenir le quartier-général de l'insurrection.

Ils étaient en petit nombre les braves qui répondirent en ce moment à l'appel de la liberté, deux cent cinquante tout au plus; dans une ville populeuse comme Nantes, ils auraient dû être au moins trois mille.

Réunis dans la salle de la Bourse, cette poignée de citoyens dévoués a pu voir de prétendus libéraux, qui, les premiers à crier *aux armes* le matin, étaient assez lâches le soir pour déserter le danger, et venir en habit de luxe, profitant d'un ciel sans nuages, prodiguer un sourire moqueur à ceux qui n'avaient pas craint de risquer leurs têtes pour la plus sainte des causes. Nous n'exagérons pas, quand nous disons risquer leurs têtes; il était facile de les compter, ceux qui avaient les armes à la main, on pouvait les reconnaître, les signaler, et pour faire tomber ces têtes généreuses, la victoire seule a manqué à ceux qui s'étaient chargés de dresser les listes de proscription; déjà ils étaient réunis, ces hommes de sang, déjà ils tenaient leur conciliabule conspirateur, que déserta, indigné, un magistrat honorable, à qui, malgré une première dénégation, nous nous croyons obligés de payer ici un tribut mérité d'éloges et de reconnaissance.

Cependant, plusieurs citoyens courageux sont choisis, ils vont de nouveau vers l'autorité, réclament avec instance la convocation de la Garde Nationale, montrent au Maire et au Préfet une foule exaspérée qui demande des armes et semble nécessiter impérieusement l'emploi d'une force paternelle et conciliatrice. Vains efforts, les autorités, barricadées dans l'hôtel d'Aux, chez le général Despinois, déclarent qu'on leur passera sur le corps avant qu'ils autorisent la réunion de la Garde Citoyenne; ainsi, ces lâches fonctionnaires, protégés par le canon du château, défendus par deux pièces de campagne braquées devant leur porte, font les forts, e ne nous épargnent ni les rodomontades ni les menaces : « J'arrive de Paris, c » matin même, dit le préfet, trente mill » hommes sont en marche sur cette ville » et, malgré la résistance des factieux » je ne mets pas en doute que l'autorit » du roi n'y soit maintenue. »

Durant ces entrevues, que se passe-t-il à la bourse ? Le désordre est à so comble, quelques voix réclament des chef qui puissent command■ et imposer à l multitude ; d'autres, conseillent de par courir la ville, afin qu'on sache qu'i existe un noyau d'hommes armés et prêt à mourir, bien certains que la foule s fut grossie par cette manœuvre : tout es vain, aucun chef n'ose risquer sa tête e se dévouant, et le désordre continue. Un foule d'ouvriers assiége les portes de l bourse, demande des armes. Il est quatr heures du soir, des bons sont signés M. Chénard, fournisseur pour la marine dont les magasins sont garnis de fusils La fortune de ce négociant garantie, se magasins sont ouverts à une multitude avid

e combattre pour ses droits ; en un ins-
nt elle est armée et retourne à la Bourse,
ue commençaient à déserter les premiers
enus ; car ils sont fatigués d'être là sans
en faire, harrassés de porter, depuis le
natin, des armes qui ne leur sont pas
milières, ou ramenés chez eux par le
esoin : beaucoup n'ont rien pris depuis
4 heures, et la chaleur est accablante.

Abandonnés de cette manière par les
lus modérés, la foule exaspérée et sans
hefs s'irrite de son inaction ; « Allons
au château, allons chercher nos prisonniers (1) ! s'écrie une foule de voix,
t à ces mots une troupe tumultueuse,
ans ordre, sans chefs, presque sans but,
e transporte au château.

Bientôt nous allons voir une partie de
ette multitude mal armée, sans muni-
on (le petit nombre de ceux qui avaient
u se procurer de la poudre n'avaient
uère qu'une ou deux cartouches), se
attre contre une milice nombreuse et

(1) Ils y avaient été conduits le matin, à la
ite d'une tentative infructueuse pour les enlever.

bien disciplinée, avec une valeur, u courage inconcevable, et ne lâcher pie qu'après avoir brûlé sa dernière amorce Quelle fut la cause de cet événemen d'autant plus déplorable qu'il était san résultat, et a causé la mort de digne citoyens? C'est ce qu'il nous a été bie difficile de saisir, nous allons cependan rapporter ce que nous avons trouvé d plus vraisemblable, et sur quoi les récit divers de cette funeste bagarre semblen le mieux s'accorder.

Arrivée devant le château, la foule comprend bien l'impossibilité où elle est de s'emparer de cette forteresse sans aucun moyen d'attaque (1); elle se con-

(1) Nous devons cependant, pour rendre hommage à la vérité, dire qu'un petit nombre d'ouvriers et de mariniers du port se sont jetés intrépidement dans les douves, ont grimpés le long des murs de la digue qui conduit au château, et réclamaient des limes, des scies à métaux pour couper les chaînes du pont-levis; et si ces outils indispensables ne leur eussent pas manqués, le pont n'eut pu être levé et le château était peut-être pris d'un coup de main, par de pareils braves.

tente de laisser devant la porte principale un détachement d'une centaine d'hommes; un grand nombre aussi se disperse par les rues voisines, et le reste, bien affaibli par ces désertions successives, se transporte sur la place Louis XVI, demande à grands cris les prisonniers, et députe chez le général, MM. Vic et Auguste Bosset, qui doivent réclamer directement auprès des autorités.

Cependant la troupe de ligne commence à se mettre en mouvement, elle quitte les casernes, descend en colonne par la rue Saint-Clément, se joint aux militaires qui garnissaient déjà le devant de l'Hôtel-d'Aux et le corps-de-garde qui lui fait face. Les chapeaux au bout des baïonnettes annonçaient les intentions pacifiques de la multitude; plusieurs officiers avaient déclaré, de leur côté, qu'ils ne feraient point tirer par leurs soldats; comment s'est-il donc fait qu'un engagement sérieux ait eu lieu? On prétend, que de dessous la voûte de la maison de Martel, un coup parti par imprudence ou par la mauvaise qualité de l'arme, a fait tout le mal ; il est bien certain aussi qu'un second coup de fusil chargé à plomb a été tiré des fenêtres voisines et a blessé par derrière, M. Petit, à la tête et au bras (1). Ces deux détonations imprévues ont répandu l'alarme des deux côtés, chacun s'est cru attaqué par son adversaire, et les militaires, et les jeunes gens ont fait feu pour leur défense réciproque. Beaucoup de ces derniers sont restés sur le champ de bataille, et tous, sans exception, ont montré par leur courage que les Parisiens n'étaient pas les seuls, en France, qui fussent prêts à mourir pour la liberté. Il nous a été impossible de recueillir tous les traits de bravoure qui ont eu lieu dans cette funeste rencontre où tout le monde a fait son devoir, nous sommes donc, à notre grand regret, forcés de n'en rapporter que quelques-uns. On cite beaucoup le sang-froid du jeune Ber

(1) Ce brave jeune homme a reçu sept coups de feu, dont heureusement il n'est résulté aucune blessure grave.

trand, qui armé de quatre pistolets s'est bravement défendu, et qui voyant le tambour battre la charge, a riposté de son côté en la sonnant sur sa trompette.

Le brave Pottin venait de tomber, un de ses amis, M. Taupier fils, s'en empare pour l'enlever du champ-de-bataille; mais poursuivi de près par un soldat, il dépose à terre son précieux fardeau, d'un coup de fusil renverse son ennemi, et s'en retourne après avoir religieusement repris l'ami dont il s'était chargé.

Monsieur de Hersant, d'Orléans, après avoir tiré un premier coup de fusil, aperçoit à sa fenêtre le général Despinois qui faisait signe de cerner les jeunes gens, il s'avance alors sous les baïonnettes de la troupe, recharge son arme, tire sur le général et tombe frappé à l'épaule d'une balle qui ne lui fait qu'une forte contusion; mais il se relève et conserve assez de force et de sang-froid pour voler au secours de M. Piou. Celui-ci, blessé grièvement par devant, s'était écrié en tombant: « On ne dira toujours pas que j'ai été frappé par derrière! »

Sont péris sur le champ de bataille, victimes de cette malheureuse méprise, ou sont morts des suites de leurs blessures, les nommés :

LASNIER,
RESEAU,
POTTIN,
RACINEUX,
CHAUVET,
DOLBEAU,
RIGAUD,
CAMIN,
VORUZ,
ROBERT.

Les militaires ont eu aussi eux la perte de quelques camarades à déplorer.

On assure que plusieurs coups de fusil ont encore été tirés sur le peuple, des fenêtres de quelques maisons voisines de l'Evêché. Honte éternelle à ces lâches, qui n'ont jamais su se montrer en face du danger, et qui n'ont pas osé descendre, comme nous, l'arme au bras, se ranger au milieu des soldats qui se battaient pour leur cause et qu'ils excitaient contre nous ; ces soldats harassés, ont passé trois jours et trois nuits couchés sur la dure, à vos portes, nobles champions de l'absolutisme, sans que vous ayez daigné leur offrir le moindre soulagement, et c'est nous qui escortions les voitures de vivres qu'on leur fesait conduire !

Les munitions épuisées, la foule se replie en désordre vers la Bourse, et bientôt s'empare du poste de la place du Commerce, désarme les soldats, qui font peu de résistance, et, après les avoir retenus quelque temps à la Bourse, les renvoie sains et saufs à leur caserne, sans même songer à venger sur eux la mort de leurs amis. Mais ce n'est pas assez de cet exploit, des détachements sont envoyé pour s'emparer des différents postes de la ville, désarmer les soldats, et, comme ceux de la place du Commerce, ils sont tous renvoyés au quartier.

Le jour va bientôt finir, la ville offre un lugubre aspect; une multitude armée parcourt les rues en tumulte; les boutiques sont fermées; les femmes n'osent plus sortir, et, ne prévoyant pas la belle conduite que devait tenir cette bande tumulueuse, presqu'entièrement composée d'ouvriers, la plupart couverts de vêtements sales et déchirés, chacun se retire chez soi pour veiller à sa propriété et à la sûreté de sa famille. Mais, c'est alors que ces braves gens ont justifié ici comme à Paris ce mot de l'ambassadeur d'Angleterre : « *Il y a » un peuple en France, mais plus de » populace* (1). » L'ordre commence à s'établir parmi eux. Le nommé Victor Perodeau, conducteur de travaux, s'institue leur chef ; il prend pour auxiliaires Tessier et Desmolinais, le premier, tailleur de pierre, et l'autre, ancien soldat de la grande armée. Ces trois braves, que nous prions de recevoir ici, par notre bouche, le témoignagne de la reconnaissance publique, par leur énergique fermeté, savent maintenir l'ordre au milieu de leur

(1) M. V.or Hugo, dans sa pièce de vers adressée à la jeune France, a sû tirer un heureux parti de ce mot caractéristique de notre époque :

Honneur au grand jour qui s'écoule !
Hier, vous n'etiez qu'une foule ;
Vous êtes un peuple aujourd'hui.

troupe indisciplinée ; par eux, les postes sont occupés, les sentinelles posées. A dix heures du soir, la ville est calme et tranquille ; des patrouilles la parcourent et veillent à son repos.

Les soldats occupent toujours la partie du château et du cours, et la ville se trouve ainsi partagée en deux camps.

31 JUILLET.

Cependant le point du jour commence à paraître, la population entière est bientôt sur pied ; les alarmistes commencent à s'apercevoir qu'ils ont mal jugé les généreux ouvriers qu'ils traitaient la veille de brigands, et qui ont sacrifié leur repos pour veiller au leur dans l'absence de toute autorité légale. Quant on les vit au corps de garde, fatigués d'une journée de tumulte et d'une nuit de veille, des personnes bienveillantes leur offrirent du vin et de l'argent ; « Remportez votre argent, » dirent-ils, c'est pour la liberté seule » que nous sommes armés ! Remportez » votre vin, le vin produit les excès ! » Seulement envoyez-nous du pain, nous » sommes affamés. » Bientôt le besoin impérieux de diriger ces masses, de veiller au maintien de l'ordre, de rappeler dans leurs divers ateliers ces braves, qui ne veulent y rentrer que lorsqu'ils seront relevés de leurs postes par une milice bourgeoise en qui ils puissent se fier, commande l'organisation de la Garde Nationale. L'autorité privée de nouvelles satisfaisantes de la capitale, se relâche un peu de son inflexibilité première, elle donne, bien tardivement, un ordre qui, la veille, eut épargné un sang précieux, celui de mettre en liberté les prisonniers; elle accorde l'autorisation dont on se fut à la fin passé, de former une Garde Citoyenne pour veiller au repos public et à la sûreté de la ville. Dès huit heures du matin, une commission de cinq membres se forme au sein de la chambre du commerce, qui devient la seule autorité qu'on respecte. Bientôt des affiches, invitant les hommes capables de porter les armes, à venir s'inscrire pour former une Garde Urbaine, sont placardées par ses ordres. A neuf heures, la Bourse se remplit de monde, chacun brigue l'honneur d'être enrôlé le premier, et une liste de souscription en faveur des ouvriers blessés la veille, des veuves et des enfants de ceux qui ont perdu la vie, est ouverte par M. Goupilleau junior, courtier; le sac placé près de lui est rempli dans un instant par la bienfaisance.

Cependant tout s'organise, une députation de citoyens honorables va trouver le brave général Dumoustier, à sa maison de campagne, l'invite à se mettre à la tête de la nouvelle Gârde Nationale, et ce citoyen dévoué, malgré son âge et ses infirmités, accepte avec orgueil le commandement qu'on lui offre et sacrifie son repos à la sûreté de son pays.

Nous finissons ici notre récit, le prolonger davantage serait inutile, chacun sait comment s'est terminée, en faveur des libertés, la lutte imprudemment engagée à Paris par l'absolutisme ; chacun sait aussi comment l'étonnante unanimité des Français a secondé la généreuse résistance des Parisiens, leur a donné les moyens de jouir de leur victoire et de la consolider au profit de la France, que disons-nous de la France ? de l'univers entier!.... Honneur aux Parisiens! Paix et félicité à notre belle patrie! Gloire immortelle aux braves morts pour la liberté !

www.ingramcontent.com/pod-product-compliance
Ingram Content Group UK Ltd.
Pitfield, Milton Keynes, MK11 3LW, UK
UKHW012307240726
13966UKWH00004B/1694

9 782011 777317